3.-4. Schuljahr

Jana Blum

Streit in der Schule
Muss das sein?

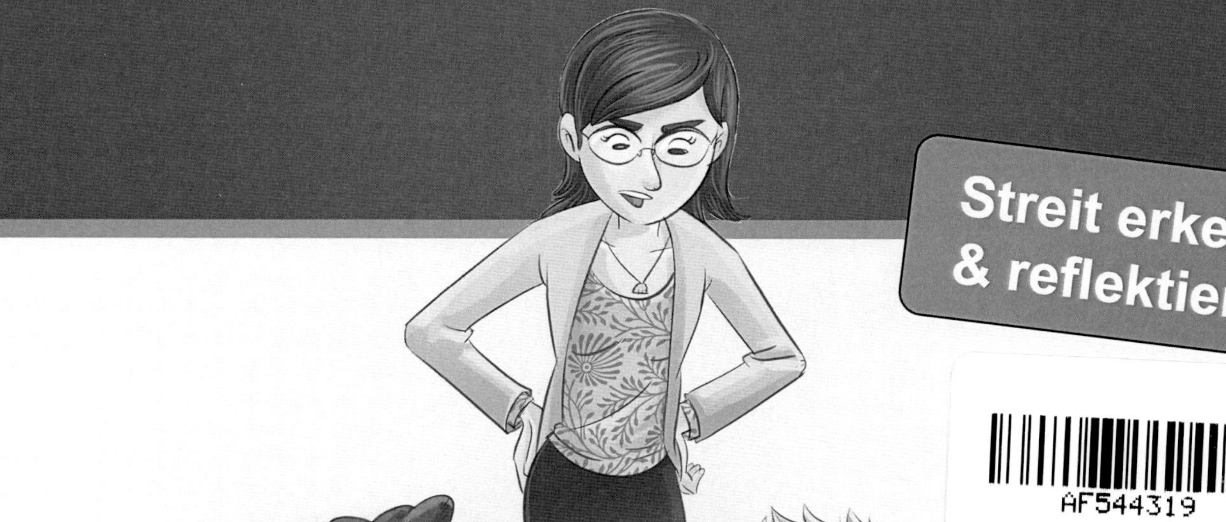

Streit erkennen & reflektieren

- Kurze Streit-Geschichten
- Teambildung fördern
- Mit Lösungsvorschlägen

www.kohlverlag.de

Streit in der Schule

Muss das sein?

1. Auflage 2022

Inhalt: Jana Blum
Coverbild: © childrendrawings - AdobeStock.com
Grafik & Satz: Kohl-Verlag
Druck: Druckhaus DOC GmbH, Kerpen

Bestell-Nr. 12 827

ISBN: 978-3-98558-223-5

Bildquellen:

S. 5: sveta; **S. 5, 6, 10, 20, 25, 30, 35:** childrendrawings; **S. 9, 14:** namosh; **S. 13:** pixs sells; **S. 15:** malosdedos; **S. 16:** cirodelia; **S. 39-40:** Christian; **S. 41:** Dusan Kostic;

Inhalt

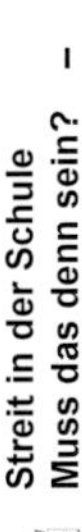

Vorwort

Liebe Kolleginnen und Kollegen,

es fällt auf, dass Kinder immer weniger in der Lage sind, ihr eigenes Handeln zu reflektieren. Die Psychologie würde nun sagen, dass Kinder dies in dieser Altersstufe nicht selbstständig können und damit eine Reflexion nicht möglich sei. Hier liegt die Betonung auf der Selbstständigkeit. Also, wenn es Kindern nicht selbstständig möglich ist, so müssen Beispiele aus ihrem Alltag geschaffen werden, sowie Fragen und Anregungen um diese Situationen geleitet zu reflektieren.

Dies war der Anlass, dass ich mich hingesetzt und Geschichten geschrieben habe, die der tatsächliche Schulalltag so schreiben könnte. Im Anschluss daran finden sich immer zwei Arbeitsblätter mit geleiteten Fragen und Anregungen. Diese leiten zur Reflexion der Streitsituation an. Die Kinder sollen aber auch aus ihrem eigenen Erfahrungsumfeld berichten, ob sie diese oder eine ähnliche Situation schon einmal mitbekommen oder gar selber erlebt haben. Da es hier um den eigenen Erfahrungsschatz und die eigene Einschätzung des Kinder geht, haben wir keine Lösungen dazu angehangen. Im Anhang finden Sie aber „Hilfskarten", die lernschwächeren Schüler*innen zur Verfügung gestellt werden können.

Im Anschluss an die Reflexionsbögen folgt die Rubrik „Zeit für Lösungen". Diese soll aufzeigen, wie Kinder in solchen oder ähnlichen Situationen reagieren könnten.
Zum Schluss habe ich zwei Teambuilding-Geschichten beigefügt mit passendem Material, das zur Umsetzung verwendet werden kann.

Ich würde mir wünschen, wenn durch diese Refelxionsansätze die Streitigkeiten innerhalb der Klassenzimmer reduziert werden würden.

Einen erfolgreichen Einsatz wünschen Ihnen der Kohl-Verlag und

Jana Blum

Name: ______________________________ Klasse: ________

Warum machen die sowas?

Zur Schule geht Mara schon seit einigen Wochen nicht mehr gern. Schon wenn sie das Haus verlässt wird ihr ganz anders und sie wünscht sich zuhause bleiben zu dürfen. Ganz mulmig wird ihr im Magen, wenn sie nur daran denkt, gleich auf die anderen Mädchen in ihrer Klasse zu treffen. Der Weg bis zum Schulbus ist schon schwer, denn zwei der Mädchen, die seit mehreren Wochen auf Mara herumhacken, sind gleich auch im Bus. Sie tuscheln und lachen und schauen Mara immer wieder von der Seite an, dann lachen sie wieder und tuscheln weiter. Mara weiß gar nicht so recht, wo sie dann hinschauen soll. Meistens schaut sie auf den Boden. Dadurch kommt die Fahrt bis zur Schule ihr immer unendlich vor. Ganz unangenehm wird ihr und heiß noch dazu. „Ich muss nur schauen, dass ich vor den beiden aus dem Bus aussteigen kann“, denkt sie, obwohl der Bus gerade erst losgefahren ist. Die Zeit will fast nicht vergehen und immer noch wird getuschelt und auf Mara geschaut. „Mara, was für ein doofer Name“, hört sie ein Mädchen sagen. Das andere Mädchen kichert und kann sich bald kaum beruhigen. „Ach, wenn ich doch bloß in der Schule eine große Schwester hätte oder einen großen Bruder, da würden die sich das

nicht trauen“, versucht sich Mara ruhig Mut zuzusprechen. Endlich hält der Bus direkt vor dem Schultor. Mara springt von ihrem Sitz auf und läuft zur Türe. Sie will unbedingt die Erste sein, die den Bus verlässt und in keinem Fall auf die Mädchen treffen. Leider haben die beiden Mädchen die hintere Türe genommen und sind schnell zu ihren anderen Freundinnen gerannt. Sie umarmen sich und zeigen, was sie neues haben. Ein Album, wo sich alle Freunde eintragen dürfen. Schnell werden die Hefte im Mädchenkreis ausgetauscht.

Streit in der Schule
Muss das denn sein? – Bestell-Nr. 12 827
KOHL VERLAG

Name: ______________________ Klasse: ________

„Guck mal, ob die überhaupt Freunde hat?“, ruft ein Mädchen in die Richtung, in der Mara steht. Gleich darauf kichern die anderen Mädchen los. Mara wäre am liebsten weggerannt und hätte sich weinend in die Ecke gesetzt. Sie kann nicht verstehen, warum sie von den anderen Mädchen nicht gemocht wird. „Es ist so gemein, einfach über mich zu kichern und zu lachen und getan habe ich den Mädchen ja auch nichts“, denkt Mara hilflos. Alle Kinder stellen sich nun in einer Reihe auf. Immer zu zweit, so wie es Frau Bichler, die Klassenlehrerin, ihnen beigebracht hat. Mara mag Frau Bichler, aber wenn sie von ihren Problemen erzählen würde, dann kann man schnell sagen, dass sie petzt. Und petzen darf man nicht. Aber vielleicht wäre der Streit dann noch größer, wenn Frau Bichler mit den Mädchen spricht. Mara weiß wirklich keinen Rat mehr.

Was soll sie nun machen?

KOHL VERLAG Streit in der Schule – Muss das denn sein? ▪ Bestell-Nr. 12 827

Name: ______________________________ Klasse: ________

Warum machen die sowas?

Was meinst du, warum lachen und tratschen die Mädchen über Mara?

____

____

____

____

Hast du so etwas auch schon einmal gesehen oder selber erlebt? Erzähle.

____

____

____

____

Was glaubst du, wie Mara sich fühlt. Kannst du ihre Gefühle verstehen?
Schreibe warum.

____

____

____

____

____

____

____

____

KOHL VERLAG Lernen mit Erfolg
Streit in der Schule
Muss das denn sein? – Bestell-Nr. 12 827

Name: ______________________ Klasse: ________

Warum machen die sowas?

Reagiert Mara richtig?

____

____

____

____

Wie würdest du an Maras Stelle reagieren?

____

____

____

____

Was könnte Mara tun?

____

____

____

____

Schaue dir die Situation an. Was passiert hier? Erkläre.

____

____

____

____

____

KOHL VERLAG
Streit in der Schule
Muss das denn sein? • Bestell-Nr. 12 827

Zeit für Lösungen

Warum machen die sowas?

Würde Mara wirklich petzen, wenn sie Frau Bichler von ihren Problemen erzählt?

NEIN! Das wäre kein petzen.

Petzen bedeutet, dass man andere wegen Kleinigkeiten bei der Lehrerin oder dem Lehrer verrät. Nun ist das, was mit Mara passiert, keine Kleinigkeit mehr. Sie leidet und traut sich nicht mehr zur Schule. Mara sollte unbedingt mit Frau Bichler sprechen. Eine Lehrerin oder ein Lehrer geht nicht sofort hin und bestellt die Mädchen zum Gespräch. Die Lehrerin oder der Lehrer würde mit Mara besprechen, was sie sich wünschen würde und erst, wenn Mara auch das Gespräch wünscht, dann würden sich die Mädchen zusammen mit Frau Bichler an einen Tisch setzen und reden.

Wenn Mara nicht zu Frau Bichler möchte, was könnte sie noch tun?

Direkt zu den Mädchen gehen und sie fragen, was sie gegen sie hätten.

Viele Kinder trauen sich nicht, die anderen Kinder direkt zu fragen, was man gegen sie hat. Sie fühlen sich in der Situation schwach. Aber Mara könnte es ausprobieren, ihren ganzen Mut zusammennehmen und direkt auf die Mädchen zugehen und fragen, was sie gegen sie haben. Wenn sie sich nicht direkt bei zweien oder mehreren traut, dann könnte sie auch eine alleine abfangen und ansprechen. Oftmals rechnen die anderen Kinder nicht damit, dass man sie direkt anspricht und es ist ihnen unangenehm.

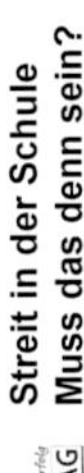

Name: ______________________ Klasse: ________

Da haut immer einer zu

Eine wilde Klasse ist die 3a. Und manchmal scheint auch wirklich Frau Aberle, die Klassenlehrerin, sehr traurig zu sein. Sie mag eigentlich alle Kinder, aber das Benehmen, das manche Kinder zeigen, ist wirklich schrecklich.

Neulich ist etwas furchtbares passiert. Luca und Kim verstehen sich eigentlich gut, aber Kim glaubte, dass Luca sein Spielzeug einfach geklaut hätte. „Nein, du Dummkopf, das hast du bestimmt verlegt“, faucht Luca. „Du bist so dumm, ich verlege sowas nicht. Du bist neidisch und hast es mir geklaut“, zischt Kim zurück. Ein größerer Streit lässt nicht lange auf sich warten und Kim spürt, wie Luca ihr seine Faust mitten ins Gesicht schlägt. Sofort blutet ihre Nase und die Tränen fließen nur so. Es tut so unendlich weh. Aber Kim will es sich nicht anmerken lassen und haut mit voller Wucht zurück, dabei trifft er genau Lucas Wange. Das Zahnfleisch presst sich mit voller Wucht gegen die Zähne, sodass Luca aus dem Mund blutet. Eine ganze Masse von anderen Kindern hat sich um die beiden auf dem Schulhof versammelt und wartet nur darauf, bis dass der nächste Schlag erfolgt. „Los Kim, mach den Typen fertig“, feuert ihn einer an. „Luca, das lässt du dir doch von so einer nicht gefallen“, ruft ein anderer aus der Menge an Schülern, die immer mehr werden und sich um die beiden Kinder scharren. Das Gebrülle und Geschreie bleibt auch Frau Aberle nicht verborgen, die mit schnellem Schritt auf die Masse von Kindern zustürmt. Noch bevor Luca zum nächsten Schlag ausholt, kann Frau Aberle noch gerade dazwischengehen. Man kann die Wut und Enttäuschung in ihren Augen sehen, denn es sind ja die Kinder aus ihrer Klasse. Beide Kinder stehen sich schnaubend gegenüber und schauen sich in die Augen wie zwei Boxer, die gleich wieder zum Kampf ansetzen würden. Frau Aberle versucht die Aufmerksamkeit der beiden auf sich zu lenken, aber beide reagieren nicht. Sie starren sich an und das Blut fließt zu Boden.

Streit in der Schule
KOHL VERLAG

Name: ______________________________ Klasse: ________

Luca aus dem Mund und Kim aus der Nase. Frau Aberle nimmt die beiden an die Hand und begleitet sie zur Toilette mit dem Auftrag sich das Blut abzuwischen und direkt wieder zu ihr zu kommen. Kim kommt als erster aus der Toilette hervor und hat sich Handtuchpapier in die Nase gestopft. Luca hat sich Handtuchpapier in die Backe gestopft. Noch immer haben sich die Kinder nicht beruhigt. Fassungslos steht der Rest der Klasse im Rücken von Frau Aberle. Dass das so explodiert haben sie nicht gedacht.

Ob das nötig war so zu reagieren?

Name: ______________________ Klasse: ________

Da haut immer einer zu

Was glaubst du, warum behauptet Kim, dass Luca etwas geklaut hätte?

Ist dir schon einmal so etwas ähnliches passiert oder hast du schon mal so etwas mitbekommen? Erzähle.

Welche Gefühle hat Kim wohl in dieser Situation und welche Gefühle hat Luca?

Kim: ______________________

Luca: ______________________

KOHL VERLAG Streit in der Schule Muss das denn sein? ■ Bestell-Nr. 12 827

Name: ______________________ Klasse: ________

Da haut immer einer zu

Kennst du das Sprichwort „Aus einer Mücke einen Elefanten machen“? Falls ja, beschreibe, was es bedeutet. Solltest du es nicht kennen, so schaue dir das Bild an und vermute, was es bedeuten könnte.

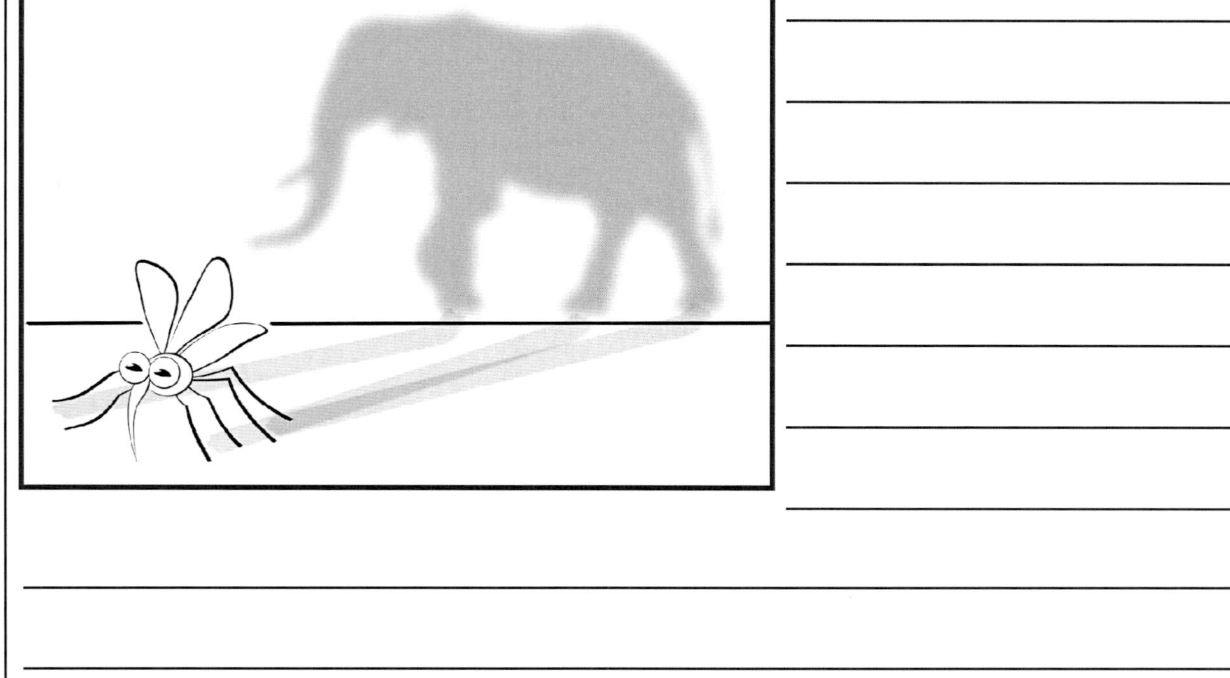

Was meinst du, hätte man diese Situation auch anders lösen können?

KOHL VERLAG Lernen mit Erfolg
Streit in der Schule
Muss das denn sein? – Bestell-Nr. 12 827

Zeit für Lösungen

Da haut immer einer zu

Hat Kim richtig gehandelt?

NEIN! Kim hat einfach behauptet, dass Luca das Spielzeug geklaut hätte. Einen wirklichen Beweis hat sie nicht.

Verdächtigt, etwas gemacht zu haben, obwohl man es nicht war, wird keiner gerne. Kim bestimmt auch nicht. Das Problem ist, dass, wenn man eine Lösung sucht, diese auch schnell finden will. Also Kim möchte in diesem Fall ganz schnell ihr Spielzeug zurückhaben. Und sie verdächtigt Luca. Jedoch müsste Kim eigentlich wissen, dass Luca sowas nicht macht, denn sie verstehen sich gut. Also hätte man hier erstmal fragen sollen, ob Luca das Spielzeug gesehen hätte. Und wenn er das verneint, hätte Kim Luca bitten können ihr bei der Suche zu helfen. Wenn die beiden dann nicht weitergekommen wären, hätte man aufzeigen und sich mit dem Problem an Frau Aberle wenden können. Die anderen Kinder in der Klassen hätten das gleich mitgehört und vielleicht hätte sich jemand gemeldet, der es gesehen hat.

Was haben die beiden Kindern nun verursacht?

Sie haben verursacht, dass man ihnen in so einer Situation nicht ganz vertrauen kann.

Frau Aberle muss sich um alle Kinder in der Klasse kümmern. Das sind aber recht viele Kinder. Sie kann nicht die Augen und Ohren überall haben und dabei noch unterrichten. Sie muss sich auf die Kinder in der Klasse verlassen können, dass sie sich benehmen. Dieses Vertrauen ist sehr wichtig, denn jede Klasse möchte irgendwann einmal einen Klassenausflug oder eine Klassenfahrt unternehmen. Da muss man sich auf alle Kinder verlassen, dass sie sich an die Regeln halten. Wenn nun die Kinder in der Schule zeigen, dass es dort schon nicht klappt, dann muss Frau Aberle ja fast davon ausgehen, dass es auf der Klassenfahrt erst recht nicht klappt. Das ist aber unfair allen anderen Kindern gegenüber, die sich an die Regeln halten. Eine Klassenfahrt kann man nun nur gemeinsam unternehmen.

Gewalt anzuwenden und jemand anderen zu hauen, egal aus welchem Grund, darf niemals in einer Klasse vorkommen. Es gibt immer einen anderen Weg etwas zu klären. Wenn ihr euch unsicher seid, geht erstmal weg und wendet euch an eure Lehrerinnen und Lehrer.

KOHL VERLAG Streit in der Schule – Muss das denn sein? – Bestell-Nr. 12 827

Name: ________________________________ Klasse: ________

Spielen soll doch Spaß machen, oder?

Na endlich, die Pausenglocke ertönt und alle Kinder strömen aus den Klassen auf den Schulhof. Paul ist stolz, denn er hat seinen neuen Fußball dabei. Den hat er von seinem Onkel zum Geburtstag geschenkt bekommen. Und der Geburtstag war gestern. „Hammer sieht der Fußball aus“, sagt selbst Leonie neidisch, die eigentlich kein Fußballfan ist, aber da ein gelber Streifen drin ist, findet sie den Ball super. Gelb ist Leonies Lieblingsfarbe. Paul und seine Freunde rennen los. Tim steht mal wieder im Tor und Jakob möchte immer der Schiedsrichter sein und streitet sich mit Christina, da auch sie der Schiedsrichter sein möchte. Mit einer Runde Schnick-Schnack-Schnuck hat es sich schnell entschieden. Christina ist heute der Schiedsrichter. Die Mannschaften sind schnell verteilt und es geht los. Das Spiel beginnt. Plötzlich läuft Gino aus der vierten Klasse mit seinen drei Freunden mitten auf das Spielfeld. Sie drängen sich unter die Mannschaften und klauen Serkan, der gerade zum Torschuss ansetzen wollte, einfach den Ball. Lachend schreien sie: „Na kommt doch, holt euch euren Ball!“ Die anderen Kinder versuchen immer wieder den Ball abzunehmen, aber es will ihnen einfach nicht gelingen. Paul zittert vor Angst. Es ist doch sein Fußball. Der Fußball, den er doch gestern erst zum Geburtstag geschenkt bekommen hatte. Er fängt an und schwitzen und die Tränen kullern über sein Gesicht. „Guck dir mal die Heulsuse an. Kriegst du deinen Ball nicht zurück? Du Mädchen“, ruft Gino und lacht dabei bis über beide Ohren. „Bleib doch ruhig, Paul“, versucht Christina ihn zu beruhigen, aber es will ihr einfach nicht gelingen. Noch immer passen die Viertklässler sich den Ball zu und amüsieren sich köstlich, dass es den Jüngeren nicht gelingen will ihn wiederzugeben.

KOHL VERLAG Streit in der Schule Muss das denn sein? – Bestell-Nr. 12 827

Name: ______________________ Klasse: ________

Auf einmal setzt Gino zu einem Schuss an und der Ball fliegt weit über den ganzen Schulhof, bis er mitten in einem Baum landet. „Kommt Jungs, wir gehen. Lasst die Babys heulen“, kommandiert Gino seine Freunde und schaut nicht wo er hingeht. Er stolpert über Serkans Fuß und legt sich mitten auf den Schulhof. Die Drittklässler fangen an zu lachen. Nur Paul kann sich einfach nicht beruhigen. Sein Geburtstagsgeschenk, sein Fußball, hängt oben im Baum fest. Wütend rennt er auf Gino zu und tritt ihm mit voller Wucht in den Po. Gino schreit auf, springt hoch und nimmt Paul an den Kragen seines Pullovers. Es entfacht ein Streit und die Menge Kinder feuern ihren jeweiligen Lieblingsschüler an. Drittklässler gegen Viertklässler.

Oje, wie das wohl ausgeht?

Name: ______________________________ Klasse: ________

Spielen soll doch Spaß machen, oder?

Gibt es auch ein Spielzeug auf das du sehr stolz bist, wie Paul auf seinen Ball? Erzähle.

____

____

____

Stell dir vor, jemand würde dir diesen Gegenstand oder das Spielzeug einfach wegnehmen und es einfach nicht zurückgeben wollen. Was würdest du denken und fühlen?

____

____

____

____

Was glaubst du, warum geht Gino einfach hin und nimmt den Ball weg?

____

____

____

____

Warum reagieren die anderen Kinder wahrscheinlich nicht auf Ginos Aktion?

____

____

____

____

Name: ______________________________ Klasse: ________

Spielen soll doch Spaß machen, oder?

Warum lachen die Drittklässler, als Gino über Serkans Fuß stolpert?

___

___

___

Warum kann sich, deiner Meinung nach, Paul einfach nicht beruhigen?

___

___

___

___

Paul tritt Gino in den Po. Handelt er deiner Meinung nach richtig?

___

___

___

___

Warum prügeln sich die Jungen am Schluss der Geschichte?

___

___

___

___

KOHL VERLAG Lernen mit Erfolg
Streit in der Schule
Muss das denn sein? ▪ Bestell-Nr. 12 827

Zeit für Lösungen

Spielen soll doch Spaß machen, oder?

Was haben Paul und seine Freunde wohl falsch gemacht?

Sie haben sich von Gino provozieren lassen.

Paul und seine Freunde dachten, dass sie schwächer sind als Gino und seine Freunde. Das Wegnehmen des Balls war für Gino und seine Freunde ein Spiel. Sie wollten damit zeigen, dass sie die Stärkeren sind. Je mehr nun Paul und seine Freunde dem Ball hinterher gerannt sind, desto mehr Freude hatte Gino daran, den Ball nicht wiedergeben zu wollen. Er wollte „sein Spiel" so weit spielen, bis feststand, dass er der Sieger war. Sieger kann man nur sein, wenn man „Gegner" hat. Wenn Paul, so schwer es ihm gefallen wäre, sich mit seinen Freunden umgedreht hätte und Gino weiterspielen lassen hätte, umso weniger Freude hätte Gino gehabt. Paul hätte sich dann an die Lehrerin oder den Lehrer auf dem Schulhof wenden können. Diese/r hätte dann sofort eingegriffen.

Warum sind die Kinder nicht zur Lehrerin/zum Lehrer gegangen?

Sie glauben, dass das vielleicht „feige" wäre und dass Gino danach noch einige blöde Sätze geäußert hätte.

Zur Lehrerin oder zum Lehrer zu gehen, wenn jemand einem selber etwas Unrechtes antut ist kein petzen und hat nichts mit feige sein zu tun. Die Lehrerin oder der Lehrer ist der Schiedsrichter . Sie hören sich die Situation von beiden Seiten an und versuchen, dass sich beide Kinder wieder annähern. So hätte Paul schneller seinen Ball wiederbekommen und es wäre nicht in einem Streit geendet.

War es richtig sich zu prügeln?

Gewalt anzuwenden und jemand anderen zu hauen, egal aus welchem Grund, darf niemals in einer Schule vorkommen. Es gibt immer einen anderen Weg etwas zu klären. Wenn ihr euch unsicher seid, geht erstmal weg und wendet euch an eure Lehrerinnen und Lehrer.

Streit in der Schule
Muss das denn sein? – Bestell-Nr. 12 827

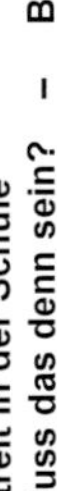

Name: ______________________ Klasse: ________

Der quatscht die ganze Zeit

Romero erzählt seinem Nachbarn Alex was er gestern erlebt hat. Er war im Schwimmbad gewesen und hat sich getraut vom Dreimeterbrett zu springen. Romero ist sehr stolz. Alex möchte lieber die Rechenaufgabe lösen. Er fühlt sich gestört. „Na sag mal, du siehst doch, dass ich meine Aufgabe lösen will. Sei still“, zischt Alex seinen Nachbarn an. Romero hat dies überhört. Er redet weiter und weiter. „Ich sagte du sollst leise sein!“, schreit Alex. Frau Knieper, die Klassenlehrerin, dreht sich erschrocken um. Sie hatte gerade die nächste Aufgabe an die Tafel geschrieben. „Alex, was soll das denn? Warum schreist du denn den Romero so an? Du kommst nach der Stunde direkt einmal zu mir“, ordnet Frau Knieper an. „Aber der redet die ganze Zeit. Er ist es schuld“, verteidigt sich Alex. Romero merkt, dass es unangenehm wird. Er sinkt zusammen und tut so, als wüsste er nicht, wovon Alex spricht. Wie ein kleines Kindergartenkind versinkt Romero in seinem Stuhl.

Nach der Unterrichtsstunde bittet Frau Knieper sie zu sich. Sie stellt zwei Stühle vor ihr Lehrerpult und beide sollen sich dort hinsetzen. Romero schaut noch immer so, als wüsste er nicht, warum er dort sitzen würde und das macht Alex noch wütender. „Ich habe nichts gemacht. Ich habe mich nur gewehrt. Die ganze Zeit redet er. Ich kann mich nicht konzentrieren. Wenn ich hier raus bin, dann kriegt der eine drüber. Nur wegen dem muss ich hier sitzen“, poltert Alex los. Jetzt reicht es Frau Knieper. Sie springt von ihrem Stuhl auf und ermahnt: „Hier wird niemand geschlagen. Du kannst doch nicht einfach den Romero hauen, nur weil du meinst, dass er zu viel redet. Ich werde gleich direkt deine Eltern anrufen.“

Name: ______________________ Klasse: ________

Sie schaut in Romeros Gesicht und Frau Knieper kommt zu der Einschätzung, dass er vielleicht wirklich nichts gemacht habe und Alex ihm das nur anhängen möchte. Unschuldig schaut Romero seinen Klassenkameraden Alex an. Der auf dem Stuhl immer wütender wird. Als Frau Knieper verlangt, dass sich Alex entschuldigen soll, wird er richtig laut. Wütend steht er auf, knallt die Türe und verlässt das Klassenzimmer. Seine Schultasche hat er vor lauter Wut einfach neben dem Stuhl vor dem Lehrerpult stehen lassen.

Das hätte doch auch anders ablaufen können, oder?

Name: ______________________ Klasse: ________

Der quatscht die ganze Zeit

Auf welche Sache oder Aktion warst du zuletzt besonders stolz?

____

____

____

____

Kannst du verstehen, dass...

a) Romero unbedingt von seinem Erlebnis erzählen möchte?
b) Alex es aber nicht hören möchte?

a)____

____

____

b)____

____

____

War es richtig, Romero darauf hinzuweisen, dass er stört?

____

____

____

____

KOHL VERLAG Streit in der Schule – Muss das denn sein? ■ Bestell-Nr. 12 827

Name: ________________________ Klasse: ________

Der quatscht die ganze Zeit

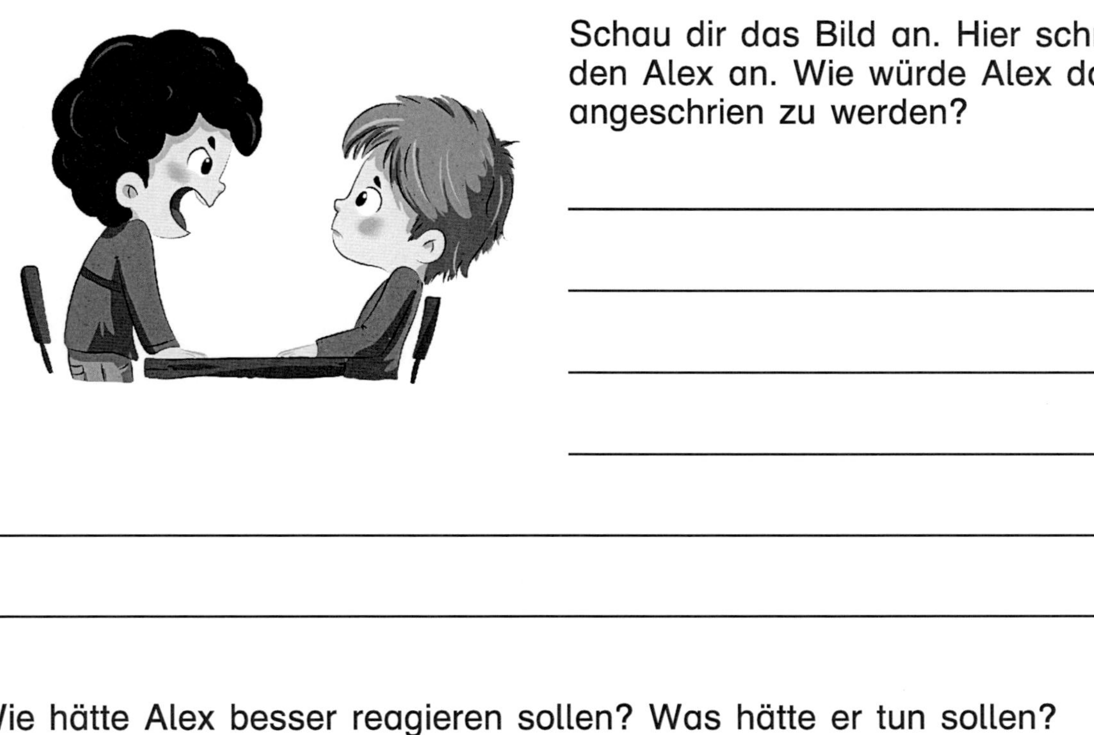

Schau dir das Bild an. Hier schreit Romero den Alex an. Wie würde Alex das finden, so angeschrien zu werden?

Wie hätte Alex besser reagieren sollen? Was hätte er tun sollen?

Wie findest du Romeros Verhalten im Gespräch mit Frau Knieper und Alex?

Zeit für Lösungen

Der quatscht die ganze Zeit

Was hätte Alex tun sollen?

Auch wenn die Situation noch so schwer ist, sollte man unbedingt Ruhe bewahren.

Man kann schon verstehen, dass sich Alex genervt fühlt und sauer ist. Er wird ja auch ständig von Romero unterbrochen. Er war fair und hat ihm den kleinen Hinweis gegeben doch nun endlich still zu sein, aber Romero hat das einfach missachtet. Jetzt hätte Alex sich unbedingt an seine Lehrerin Frau Knieper wenden sollen. Er hätte ihr sagen müssen, dass er sich gestört fühlt und dass er Romero bereits darauf hingewiesen hat endlich still zu sein. So hätte Frau Knieper dies dem Romero deutlich machen können und es würde ruhig weitergearbeitet werden. So wäre Alex auch nicht der „Schuldige" geworden, weil er rumgebrüllt hat.

Warum ist Romero so unehrlich?

Unehrlich sind meistens Leute, die sich selber durch eine Lüge schützen wollen.

Dass was Romero im Gespräch mit Frau Knieper und Alex anstellt ist wirklich gemein. Er setzt einen Blick auf, als wäre er ganz unschuldig. Alex ärgert es ungemein, dass Romero nicht ehrlich ist. Und da hat er auch das vollkommene Recht zu. Die Schwierigkeit ist, dass man in solchen Situationen die absolute Ruhe bewahren sollte, auch wenn es superschwer fällt. Man lässt Frau Knieper ausreden und begründet, warum man nun so sauer ist. Wenn jemand so unehrlich zu einem anderen Klassenkameraden ist, so sollte man das unbedingt ansprechen und fragen, warum jetzt die Unwahrheit gesprochen wird. Das Problem, das Frau Knieper hat, ist, dass sie Gewalt im Klassenzimmer nicht zulassen kann. Sie kann nur aufgrund der Eindrücke eine Entscheidung fällen. Aber auch hier gilt: Ehrlich währt am längsten.

Name: ______________________________ Klasse: ________

Ein richtig fetter Kloß

Louis ist unzufrieden. Er ist nicht so sportlich wie die anderen Kinder, da er deutlich dicker ist und viele Dinge ihm einfach nicht gelingen. Er ist ein richtiger Tollpatsch. Neulich hat er doch glatt vergessen seine Schultasche zuzumachen. Zuerst fällt ihm seine Butterbrotdose heraus. Gemerkt hat Louis das nicht. Dann öffnet sich die Tasche weiter und das erste Schulbuch landet auf dem Bürgersteig, dann sein Schreibmäppchen und zum Schluss das Diktatheft. Jetzt erst merkt Louis, dass seine Tasche deutlich leichter geworden ist. Er dreht sich um und sieht in einigen Abständen den Inhalt seiner Schultasche über den ganzen Bürgersteig verteilt. Da er nicht besonders sportlich ist, versucht er dennoch so schnell wie möglich alle Sachen wieder einzusammeln. Die anderen Jungs, vor allem Anton und seine Bande, sind schon im Bus. Sie lachen und zeigen mit den Fingern auf Louis, wie dieser unbeholfen auf dem Bürgersteig seine Sachen einsammelt. Gerade als das letzte Teil wieder in Louis´ Schultasche gelandet ist, schließen sich die Türen des Busses. „Pech gehabt du Fettkloß", ruft Anton durch den ganzen Bus, sodass Anton es noch hören konnte. Ganz außer Atem schaut er dem Bus hinterher. Voller Enttäuschung und Wut über sich selber setzt er sich auf den Bürgersteig, legt seinen Kopf auf seine Knie und weint bitterlich. Nach einer Zeit steht er auf und trottet zur Schule. Erschöpft und nassgeschwitzt erreicht er das Klassenzimmer. Herr Bremer, der Lehrer für Sachkunde, öffnet ihm die Tür. „Da ist ja endlich das fette Schwein. Na Klößchen, haste was abgenommen. Musstest ja laufen. Den Bus hast du ja nicht mehr erreicht", ruft Anton lachend aus der letzten Reihe.

Seine Freunde lachen ebenfalls und können sich solange nicht einkriegen, bis Herr Bremer laut wird. Sofort hören die Jungen auf zu lachen.

Streit in der Schule
Muss das denn sein? – Bestell-Nr. 12 827

Name: ______________________ Klasse: _______

Louis steht noch immer in der Türe. Er dreht sich rum und rennt den Gang herunter. Auf dem Schulhof setzte er sich in die Nähe des Klettergerüsts. Bereits nach kurzer Zeit ertönt die Pausenklingel. Die Kinder stürmen auf den Schulhof. Anton stürmt mit seinen Jungs direkt in Richtung Klettergerüst, wo Louis sitzt. „Na, Klößchen. Musstest du weinen?“, fragt Anton schnippisch. Louis steht auf. „Ist das hier nicht deine Butterbrotdose?“; fragt Anton weiter. Louis dreht sich um und sieht, dass Anton seine Schultasche geöffnet hat und die Butterbrotdose herausgeklaut hat. Der Reißverschluss hat sich so weit nach unten gerissen, dass alle Sachen aus Louis Tasche fallen, wenn er sich bewegt. Sauer und wütend geht Louis weg, während Anton und seine Freunde sich über ihn amüsieren und jubelnd vom Klettergerüst rufen: „Da geht die fette Qualle. Nur schnell zur Mama, da kann er sich ausheulen“.
Louis ist am nächsten Tag nicht dazu zu kriegen in die Schule zu gehen.

Das darf doch nicht sein, oder?

KOHL VERLAG Streit in der Schule

Name: ______________________ Klasse: ________

Ein richtig fetter Kloß

Ist dir schon einmal so etwas richtig tollpatschiges passiert? Berichte.

Wenn man dich für deine Tollpatschigkeit ausgelacht hat oder hätte, wie hast du oder würdest du dich fühlen?

Was glaubst du, wie fühlt sich Louis, als er nassgeschwitzt das Klassenzimmer betritt?

Name: ______________________ Klasse: ________

Ein richtig fetter Kloß

Wie würde Anton wohl reagieren, wenn man so über ihn lachen würde?

____

____

____

____

Warum beleidigen und behandeln Anton und seine Freunde den Louis so?

____

____

____

____

____

Kannst du verstehen, dass Louis nicht mehr zur Schule gehen möchte?

____

____

____

____

____

Zeit für Lösungen

Ein richtig fetter Kloß

Warum macht Anton das?

Er möchte sich besser stellen als alle anderen Kinder.

Anton möchte mit solchen Aktionen seine Macht zeigen. Er möchte, dass alle Respekt vor ihm haben, weil er glaubt, dass man nur Respekt bekommt, wenn andere Kinder Angst vor ihm haben. Es wäre für Louis wichtig sich an die Klassenlehrer*in zu wenden und ihr dies zu erzählen. Auch die Klassensprecher*in kann mit Anton reden und sagen, dass dieses Verhalten die ganze Klasse kaputt macht. Dazu sollte sie sich aber einen ganzen Schwung anderer Kinder mitnehmen, so dass Anton und seine Freunde merken, dass die Klasse dieses Verhalten überhaupt nicht gut finden. Auch kann die/der Klassenlehrer*in das Problem im Unterricht ansprechen, so dass Anton merkt, dass niemand in der Klasse hinter seinem Verhalten steht.

Was hat Anton nicht begriffen?

Anton hat nicht begriffen, dass man jeden in einer Klasse braucht.

Er hat nicht begriffen, dass Menschen andere Menschen brauchen, egal wie man aussieht oder wie man ist. Wenn man krank ist, dann erwartet man, dass ein Arzt einem hilft. Wenn der Arzt aber genauso ist, wie Anton und zum Beispiel den Anton nicht mögen würde, dann würde die Krankheit noch schlimmer werden. Oder wenn Anton einen Unfall haben sollte oder dringend Hilfe braucht und Louis wäre der Einzige in der ganzen Umgebung, der ihm helfen könnte, dann ist nicht gewiss, ob Louis das auch tun würde, da Anton ihn immer niedergemacht hat. Daran hat Anton nicht gedacht.

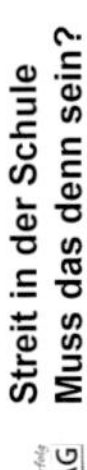

Name: ______________________________ Klasse: ________

Der ist doch nur ein Streber

Jakob liebt es zur Schule zur gehen. Er knobelt gerne an Aufgaben herum und sitzt eifrig an seinen Hausaufgaben. In der Schule zeigt er bei fast jeder Frage auf und oft ist die Antwort richtig. Im Sportunterricht ist Jakob nicht besonders gut. Wenn er an einem Seil hochklettern soll, dann schafft er es nur ein paar Zentimeter. Für mehr ist er einfach nicht stark genug. Die anderen Jungen in der Klasse sind meist fauler als Jakob. Und es gibt ganz faule Kinder, wie Lisa, Till und Fynn. Sie haben nur Blödsinn im Kopf und machen viele dumme Sachen. Besonders haben sie es dabei auf Jakob abgesehen. Immer wenn er sich meldet und etwas sagen möchte, dann rufen sie dazwischen. „Warum fragen sie das überhaupt, der Jakob weiß doch jetzt schon die Antwort“, ruft Fynn von hinten durch die ganze Klasse. „Es wäre schön, wenn du dich einmal genauso beteiligen würdest wie Jakob“, antwortet Frau Offer, die Klassenlehrerin. Schon seit einiger Zeit beobachtet sie, wie Jakob immer mehr von den dreien geärgert wird. Die ganze Stunde lang kann sich Fynn nicht zurückhalten und unterbricht Jakob bei jeder Antwort. Selbst Frau Offer kann ihn nicht stoppen. Endlich klingelt es. Während der kurzen Wechselpause rennt Fynn mit seinen Freunden von hinten durch die Klasse, schnappt sich Jakobs Schultasche und rennt mit ihr auf den Flur. Jakob kann soll schnell nicht reagieren, wie Fynn die Tasche geklaut hat. Er rennt ihm auf den Flur hinterher. Dort hat Fynn bereits die Tasche geöffnet und schmeißt Jakobs Schulsachen hoch in die Luft, bis sie zu Boden fallen. „Was soll das? Warum machst du das?“, fragt Jakob ängstlich. „Weil ich es kann!“, entgegnet Fynn patzig. Auf einmal kommt Frau Offer den Gang entlang und sieht das Chaos. Sie möchte sofort wissen, was denn passiert sei.

KOHL VERLAG – Streit in der Schule – Muss das denn sein? – Bestell-Nr. 12 827

Name: ______________________________ Klasse: ________

„Der Fynn hat einfach meine Tasche in der Wechselpause weggenommen und meine ganzen Schulsachen in die Luft geworfen. Alle Hefte sind zerknickt“, sprudelt es aus Jakob heraus. „Fynn Schmidt. Das ist nun das wiederholte Mal, dass du nicht an die Schulregeln hältst. Ich werde deine Eltern noch heute zum Gespräch einladen“, macht Frau Offer deutlich. „Na warte, du Streber, das kriegst du zurück“, reagiert Fynn wütend. Der Schultag neigt sich dem Ende. Fynn und seine Freunde haben sich deutlich zurückgehalten. Noch mehr Ärger wollte er sich nicht einfangen. Direkt vor der Schule lauert die Bande Jakob auf. Fynn hat ihn sofort am Kragen. Die anderen nehmen ihm seine Schultasche weg. Lisa schaut mal hinein, als ob sie etwas gebrauchen könne. „Du bist es Schuld, dass ich hier so einen Ärger bekomme. Nur wegen so einem dummen Streber wie dir. Immer musst du dich melden und immer weißt du alles besser. Nur jetzt zeige ich dir, worin ich besser bin“, schnaubt Fynn Jakob an und haut ihm mit seiner Faust mitten ins Gesicht. Jakobs Brille fällt zu Boden und der Brillenbügel bricht ab. Im Gehen tritt Till nochmal richtig auf Jakobs Brille. Lachend geht die Bande die Straße herunter.

Was hätte Jakob tun sollen?

KOHL VERLAG Streit in der Schule Muss das denn sein? – Bestell-Nr. 12 827

Name: ______________________________ Klasse: ________

Der ist doch nur ein Streber

Glaubst du, dass jeder, der fleißig ist, auch ein Streber ist?

Ist es in deinen Augen schlecht ein Streber zu sein?

Warum ärgern Fynn und seine Freunde den Jakob? Vermutet, was dahinter steckt.

KOHL VERLAG
Streit in der Schule
Muss das denn sein? – Bestell-Nr. 12 827

Name: ____________________ Klasse: ________

Der ist doch nur ein Streber

Ist es wirklich Jakobs Schuld, dass Fynn nun Ärger von seinen Eltern bekommt?

Hat Frau Offer deiner Meinung nach richtig reagiert?

Was sollte deiner Meinung nach Jakob nun tun?

Zeit für Lösungen

Der ist doch nur ein Streber

Was ist ein Streber?

Ein Streber ist nicht immer etwas schlechtes.

Streber kommt von dem Wort „streben“, also ein Ziel vor Augen haben. Somit ist es gut, wenn man versucht Ziele zu setzen und Ziele zu erreichen. Viele haben leider keine Ziele. Sie wissen nicht, was ihr Ziel sein soll und dadurch versuchen sie irgendwie die Zeit herumzukriegen. Dabei machen viele Schüler*innen allerhand Blödsinn. Es wäre wichtig, dass sich jeder überlegt, was denn sein Ziel ist. Jakob möchte unbedingt ein gutes Zeugnis haben und in die nächste Klasse versetzt werden. Andere möchten gerne gute Sportler, Musiker oder Künstler sein. So hat jeder sein Interesse. Im Grunde sind somit viele Kinder „Streber“, ohne es zu wissen. Fynn weiβ bestimmt nicht, dass er auch in irgendeiner Sache ein Streber ist.

Warum behandelt Fynn den Jakob so unfair?

Es geht meistens darum, wer stärker ist.

Zu vermuten ist, dass Fynn sich stärker fühlt. Er weiβ, dass Jakob nicht stark ist, weil er es nicht schafft das Seil im Sportunterricht hochzuklettern. Fynn geht davon aus, dass man nur körperlich stark sein kann und da er das wohl kann, zeigt er, was er „draufhat“. Dabei hat er nicht erkannt, dass Jakob auch etwas draufhat. Er ist genauso stark wie Fynn, halt nur auf einem anderen Gebiet. Vielleicht ist Fynn aber auch ein wenig eifersüchtig auf Jakob, weil er auch gerne so gut in der Schule sein würde. Es wäre gut, wenn man in ein Klassengespräch gehen würde und jeder kann sagen, was er gut kann und was einem nicht so gut gelingt. Das würde Verständnis schaffen.

KOHL VERLAG Streit in der Schule – Muss das denn sein? ▪ Bestell-Nr. 12 837

Name: ______________________________ Klasse: ________

Er ist der Kleinste von allen Kindern

Jan geht in die dritte Klasse, aber etwas ist anders. Jan ist viel kleiner als die anderen Kinder. Mit seinen Füßen kann er nicht den Boden berühren, wenn er auf einem Stuhl sitzt. Es sieht schon ein wenig komisch aus, wenn seine Beine so hin und her baumeln. Jan macht sich eigentlich nichts daraus, dass er kleiner ist, als die anderen Kinder, bis eines Tages.

Es fällt auf, dass Jan immer noch der kleinste aller Kinder ist und einfach nicht wächst. Tobias kommt von hinten und haut ihm in der kurzen Wechselpause gegen den Hinterkopf. „Na, Kleiner. Willst wohl nicht wachsen?", fragt er mit einem breiten Grinsen im Gesicht. „Der sieht doch aus, als würde er noch die Igelgruppe im Kindergarten besuchen", ruft ein anderer. „Komm, lass den Kleinen in Ruhe", schallt es aus der Klasse. „Ja, sonst fängt der noch an zu heulen", witzelt Tobias wieder. Jan senkt den Kopf in Richtung des Tisches. Damit hat er nicht gerechnet. Am Ende des Schultages geht er traurig nach Hause. „Was ist los?", fragt ihn seine Mutter, als sie das betrübte Gesicht sieht. „Ach, die Kinder in der Schule ärgern mich, weil ich so klein bin. Sie sagen, ich sehe so aus, als würde ich noch den Kindergarten besuchen", erwidert Jan und schaut dabei auf den Boden. „Du solltest zu deiner Lehrerin gehen und sagen, was dich bedrückt", rät ihm seine Mutter. „Aber wenn ich das mache, dann spricht sie die Kinder doch gleich an und dann wollen die nichts mehr mit mir zu tun haben", befürchtet Jan. Eine blöde Situation.

Was könnte er nun machen?

Streit in der Schule
Muss das denn sein? – Bestell-Nr. 12 827

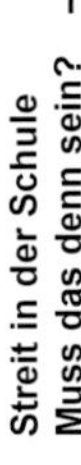

Name: ______________________________ Klasse: ________

Er ist der Kleinste von allen Kindern

Stell dir vor, du bist ein kleiner Hase und nun kommt ein riesiger Mensch auf dich zu. Wie würdest du dich fühlen?

____

____

____

____

Was glaubst du, wie man sich fühlt, wenn andere Kinder etwas haben oder können und du nicht?

____

____

____

____

____

Warum haut Tobias dem Jan auf den Hinterkopf? Stelle Vermutungen an.

____

____

____

____

____

KOHL VERLAG
Streit in der Schule
Muss das denn sein? ■ Bestell-Nr. 12 827

Name: ______________________ Klasse: ________

Er ist der Kleinste von allen Kindern

Warum beleidigen die anderen Kinder Jan wegen seiner Größe?

____

____

____

____

Was würdest du fühlen, wenn man das mit dir machen würde?

____

____

____

____

____

Wie könnte Jan dennoch etwas an der Situation ändern, ohne dass dies nachher zu seinem Nachteil wird?

____

____

____

____

____

KOHL VERLAG Lernen mit Erfolg
Streit in der Schule
Muss das denn sein? – Bestell-Nr. 12 827

Zeit für Lösungen

Er ist der Kleinste von allen Kindern

Warum behandelt Tobias den Jan so gemein?

Viele Kinder sind nicht respektvoll zu anderen Kindern.

Eigentlich würde Tobias es auch nicht wollen, so behandelt zu werden, wenn er so klein wäre. Aber er tut es mit anderen Kindern. Die Frage ist nur warum er dies tut. Vielleicht hat Tobias auch etwas, was er nicht ändern kann und möchte unbedingt von seiner Sache ablenken. Vielleicht kann er aber auch Jan einfach nicht leiden und glaubt, so unfair reagieren zu müssen. Man muss ja nicht jeden in der Klasse lieben, aber man sollte respektvoll miteinander umgehen. Tobias geht in keinem Fall respektvoll mit Jan um. Die Gründe spielen dabei keine Rolle. Er merkt aber nicht, dass er jemanden durch sein Verhalten ausschließt.

Warum machen die anderen Kinder mit und ärgern Jan?

Die anderen Kinder möchten oft nicht selber ein „Opfer“ werden.

Vielleicht wollen die anderen Kinder nicht selber das Opfer von Tobias werden. So glauben sie, dass, wenn sie sich am Ärgern beteiligen, sie selber nicht betroffen werden. Das ist aber sehr feige. In einer Klasse sollte man sich für die gute Sache zusammentun und anderen helfen, anstatt andere Kinder respektlos zu behandeln. Und dass die anderen Kinder selber kein „Opfer“ sein wollen zeigt, dass sie sich auf der anderen Seite wünschen würden, dass wenn sie zum Opfer werden, dass man ihnen hilft. So kann man nur sagen, dass jeder das machen sollte, was er auch von anderen in dieser Situation erwarten würde.

KOHL VERLAG Streit in der Schule – Muss das denn sein? ▪ Bestell-Nr. 12 827

Name: ______________________ Klasse: ________

Eine Klasse ist wie ein Zirkuszelt

Schaut euch das Bild des Zirkuszelts genau an. Ihr seht zwei große, stabile Masten. Sie halten die Zeltplane fest. Stellt euch vor, diese großen Masten sind eure Lehrerinnen und Lehrer. Sie sind starke Säulen eurer Klasse und halten alles zusammen.
Ringsherum seht ihr kleine Metallrohre. Es sind recht viele und deutlich mehr als die großen Masten. Sie sind nur eben kleiner, aber dafür mehr. Sie halten die Zeltplane aufrecht, sodass die Leute ohne Probleme und Sorgen unter dem großen Himmel des Zirkuszeltes Platz nehmen können. Und nun stellen wir uns vor, diese kleinen Stangen, das sind alle Kinder der Klasse. Jede einzelne Stange ist wichtig. Sollte eine Stange fehlen, so hat der Wind die Möglichkeit, genau an dieser Stelle, wo die Stange fehlt, hineinzuwehen und das ganze Zeltdach nach oben zu reißen. Dabei könnten auch die kleinen Stangen mit nach oben fliegen. Zum Glück gibt es dann noch die großen, stabilen Masten, die das Zeltdach gerade noch festhalten. Nur der Wind darf nicht zu stark werden, sonst weht auch diese Plane weg und das Zirkuszelt ist zerstört.
Und so sieht es auch mit eurer Klassengemeinschaft aus. Jedes einzelne Kind in eurer Klasse ist wichtig. Wenn eines fehlt, so hat der Wind die Möglichkeit die Klasse zu zerstören. Das darf euch nicht passieren. Deshalb müsst ihr gut aufeinander aufpassen. Jedes Kind ist anders, jeder hat seine guten und seine schlechten Seiten. Ihr müsst keine lieben, aber ihr solltet mit allen respektvoll umgehen und so akzeptieren, wie sie sind. Sicherlich habt ihr das auch so zu Hause von euren Eltern und Erziehungsberechtigten beigebracht bekommen. Jetzt solltet ihr es auch zeigen.
Manchmal kommt es vor, dass nur einzelne gegen die Regeln verstoßen oder sich über andere Kinder lustig machen. Sie merken dabei gar nicht, wie sie die ganze Klasse kaputt machen. Warum das so, das ist möchte ich euch in der nächsten Geschichte erklären.

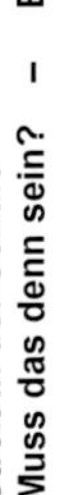

Name: ______________________ Klasse: ________

Wer "Eigentore schießt" ist kein Teamplayer

In einer Fußballmannschaft sind immer viele verschiedene Kinder im Team. Und alle Kinder sind ganz unterschiedlich, aber in einer Situation halten alle zusammen, nämlich wenn es um ihr Team geht. Es gibt Kinder, die kein Fußball mögen. Das verstehe, aber die Idee, die hinter einem Fußballspiel steckt, ist wirklich genial. Es gibt klare Regeln, so wie auch in eurer Klasse. Wer sich beim Spiel nicht an die Regeln hält, muss irgendwann das Spiel verlassen. Nun kann man sagen, dass die Spielerin oder Spieler es zum Wohl der Mannschaft getan hat. Sie wollten gewinnen. Stellen wir uns jetzt aber einmal vor, es gibt ein Kind im Team, dass immer der Sieger sein will. Es rennt vor und schießt... TOR! Nur leider ins eigene Tor seiner Mannschaft. Die anderen Mitspielerinnen und Mitspieler sind nun nicht sehr begeistert. Das Team war dem Kind hier total egal. Es wollte nur seinen Willen durchsetzen. Jetzt ist das Team ärgerlich und hofft, dass dies nicht mehr vorkommt, aber keine Minute später fällt das nächste Eigentor. So eine Spielerin oder einen Spieler möchte man nicht in seiner Mannschaft haben. Er schießt gegen das Team! Und genauso ist es in eurer Klasse. Viele Kinder halten sich an die Regeln und wollen, dass alle friedlich und vertraut miteinander lernen. Aber es gibt immer wieder die Kinder, die das nicht wollen. Sie schießen gegen das Team. Oftmals merken sie aber gar nicht, wie sehr sie der ganzen Klasse schaden. Man muss sie also darauf hinweisen. Wenn ein Kind das tut, dann wird es nicht bemerkt werden. Wenn aber mehrere sich gleichzeitig zusammentun und sagen: „Hör auf, du schießt gegen das Team!“. Dann merkt das Kind, dass das, was es gerade tut, nicht gewollt ist und so könnt ihr euch gegenseitig an euer Team erinnern. Zusätzlich kann man noch die gelbe und rote Karte einführen. Es reicht nur, wenn man darauf zeigt und dann muss für jede und jeden in der Klasse klar sein, dass jetzt eine Grenze erreicht ist. Passt aufeinander auf und werdet zu einem

KOHL VERLAG Streit in der Schule – Muss das denn sein? – Bestell-Nr. 12 827

Hilfskarten

Warum machen die sowas?

Diese Adjektive sollen dir helfen:

traurig, feige, mächtig, besorgt, ängstlich, hilflos, schlecht, fassungslos

Was könnte man tun?

- sich an die Eltern wenden
- sich an Lehrer*innen wenden
- mit anderen Schüler*innen darüber sprechen

Hilfskarten

Da haut immer einer zu

Diese Hinweise sollen dir helfen:

- weil Luca die Möglichkeit hatte.
- weil Luca der erste war, den Kim gesehen hat.
- weil Kim nicht zu Ende gedacht hat.

Was könnte man anders machen?

- man hätte sich an die Lehrer*in wenden können.
- man könnte fragen, warum Kim darauf kommt, so etwas zu behaupten.

Hilfskarten

Spielen soll doch Spaß machen, oder?

Diese Adjektive sollen dir helfen:

traurig, enttäuscht, wütend,
betroffen, sauer

Warum hat Gino das gemacht?

- er möchte zeigen, wie stark er ist.
- er möchte die anderen Kinder ärgern.
- er möchte im Mittelpunkt stehen.

Hilfskarten

Der quatscht die ganze Zeit

Diese Adjektive sollen dir helfen, um von deinem Erlebnis zu berichten:

stolz, gut, zufrieden, glücklich

Was hätte Alex machen können?

- er hätte sich an die Lehrer*in wenden können.
- er hätte Romero ignorieren können.

Hilfskarten

Ein richtig fetter Kloß

Diese Adjektive wie sich Louis fühlt:

traurig, hilflos, ängstlich, klein, nutzlos, schlecht, unglücklich

Warum machen die Freunde mit?

- sie möchten nicht selber von Anton beleidigt werden.
- sie haben Spaß daran jemand anderen zu ärgern.

KOHL VERLAG Streit in der Schule Muss das denn sein? – Bestell-Nr. 12 827

Hilfskarten

Der ist doch nur ein Streber

Was ist ein Streber?

Man hat ein Ziel, das man erreichen möchte. Ist das jetzt so schlimm?

Überlege mal.

Ist es richtig, dass Fynn Ärger bekommt?

- würde Fynn ohne den Ärger, den er bekommt, von selbst aufhören?

Hilfskarten

Er ist der Kleinste von allen Kindern

Wie fühlt man sich, wenn man so niedergemacht wird?

schlecht, unwohl, nicht gut, hilflos

Warum beleidigen die anderen Kinder Jan?

- weil sie Spaß daran haben.
- weil sie von Sachen, die sie nicht können oder Probleme haben, nicht auffallen.

ACHTUNG!
Das Team
zählt!

Du
schießt
gegen
das Team!

HÖR AUF!